Spielerisch Deutsch lernen

Rechtschreib-Rätsel für das 2. Schuljahr

Autor: Erich Krause
Illustration: Corina Beurenmeister

Hueber Verlag

Erich Krause findet, dass Schule Spaß machen soll. Deshalb arbeitet der engagierte Grundschullehrer auch gerne mit Liedern, Gedichten und Theaterstücken. Für die Rechtschreib-Rätsel hat er sich viele spannende Aufgaben ausgedacht, damit Kinder beim Lernen weniger Schwierigkeiten haben.

Corina Beurenmeister hat an der Kunsthochschule studiert und ist später Kinderbuchillustratorin geworden. Da sie knifflige Kinderrätsel mag, hat sie für die Rechtschreib-Rätsel mit viel Vergnügen jede Menge pfiffige Bilder gezeichnet.

3. 2. 1. | Die letzten Ziffern
2017 16 15 14 13 | bezeichnen Zahl und Jahr des Druckes.
Alle Drucke dieser Auflage können, da unverändert, nebeneinander benutzt werden.
1. Auflage

Lizenzausgabe für Hueber Verlag GmbH & Co. KG, 85737 Ismaning, Deutschland 2013
Umschlaggestaltung: creative partners gmbh, München
Umschlagillustration: Corina Beurenmeister
Layout und Satz: Loewe Verlag GmbH
Printed in Italy
ISBN 978-3-19-149470-4

Inhalt

Vorwort

Play your way to German – Spelling Quizzes – Level 2

→ For children with basic reading skills
→ Important spelling skills and rules from the second year in German schools (Level 2)
→ Sounds, syllables, nouns, compound nouns, verbs, adjectives, rhymes and easy sentence structures

Children who live in a German-speaking environment but whose mother tongue is not German, learn German as a second language. Our German language learning materials are especially designed for these children and offer a wealth of exercises to develop their knowledge of German in the best possible way. The children will improve their language skills and enjoy themselves at the same time.

→ The aim of the material is that children acquire a solid basic vocabulary and adequate grammar skills.
→ The contents of the books describe everyday situations that children are familiar with.
→ Every exercise page thematizes a specific problem, for example capitalization, punctuation marks, gender and articles, etc.
→ The colourful and funny illustrations support a strategy of learning by playing.
→ At the end of the book you find an answer key and a 'Masters-Certificate' where the kids can enter their names after completing all the exercises successfully.

Aprender alemán jugando – Acertijos ortográficos – nivel 2

→ Dirigido a niños que ya saben leer
→ Los contenidos de ortografía más importantes del segundo curso de Primaria
→ Sonidos, sílabas, sustantivos, compuestos, verbos, adjetivos, rimas y frases sencillas

Dirigido a niños que viven en un entorno de habla alemana, pero cuya lengua materna no es la lengua alemana. Nuestros cuadernos ofrecen una variada serie de actividades con el objetivo de reforzar conocimientos y desarrollar competencias comunicativas en la lengua alemana de forma lúdica y amena.

→ Elaborado con la finalidad de adquirir conocimientos básicos sólidos en el ámbito del vocabulario y de la gramática.
→ Los contenidos de aprendizaje del libro se presentan a través de situaciones de la vida cotidiana del niño y de sus propias experiencias.
→ Cada página contiene actividades relacionadas con un tema determinado, por ejemplo el uso de las mayúsculas y de las minúsculas, rimas, la formación del plural, etc.
→ Las ilustraciones en color son divertidas y atractivas y ayudan al niño a aprender jugando.
→ Al final del libro se incluyen las soluciones para la autocorrección y un "Certificado para el campeón", en el que tras terminar todas las actividades, el niño podrá escribir su nombre.

„Nauka niemieckiego bez trudu" – zagadki ortograficzne – drugi poziom nauczania

→ Dla dzieci umiejących już czytać
→ Najważniejsze zagadnienia ortograficzne z programu pierwszej klasy szkoły podstawowej
→ Głoski, sylaby, rzeczowniki, złożenia, czasowniki, przymiotniki, rymy i proste struktury zdaniowe

Dzieci żyjące w niemieckojęzycznym otoczeniu, których językiem ojczystym nie jest język niemiecki, uczą się niemieckiego jako drugiego języka. Z myślą o tych dzieciach stworzyliśmy nasze podręczniki. Oferują one szeroki wachlarz ćwiczeń, poprzez które dzieci mogą – w formie interesującej zabawy – optymalnie rozwijać znajomość języka niemieckiego!

- Celem nauczania jest przyswojenie sobie solidnych podstaw z zakresu gramatyki i słownictwa.
- Tematy przedstawione w podręczniku nawiązują do świata dziecięcych przeżyć i są dzieciom doskonale znane z ich życia codziennego.
- Każda strona zawiera ćwiczenia, które odnoszą się do określonego tematu, np. pisowni z dużej i malej litery, interpunkcji, rodzajników, itd.
- Ładne i dostosowane do wieku ilustracje sprawiają, że nauka sprawia dzieciom wiele przyjemności.
- Na końcu podręcznika znajduje się klucz do ćwiczeń, dzięki któremu dzieci same mogą sprawdzić swoje odpowiedzi oraz także dyplom mistrzowski, w którym każde dziecko po rozwiązaniu wszystkich zadań może wpisać swoje imię i nazwisko.

„Spielerisch Deutsch lernen“ Правописание – загадки (Уровень 2)

- Для детей, которые уже умеют читать.
- Самые важные темы правописания для первого года обучения.
- Звуки и слога, существительные, сложные слова, глаголы, прилагательные, рифмы и простые структуры построения предложения.

Все, кто живёт в немецкоязычной среде и для кого немецкий язык не является родным учат его в качестве второго языка. Наши учебные тетради предназначены для детей и предлагают им красочное изобилие упражнений, с помощью которых дети прекрасно развивают свои языковые навыки и умения – играючи и с интересом!

- Учебной целью является формирование прочных знаний в разделах лексики и грамматики на начальном этапе.
- Учебное содержание книг охватывает темы, хорошо знакомые детям из их повседневной жизни и пережитых событий.
- Каждая страница содержит упражнения на определённые темы, например, прописные и строчные буквы, знаки препинания, артикль и многое другое.
- Адоптированные для детей занимательные иллюстрации доставляют большое удовольствие заниматься немецким языком.
- В конце книги находятся ключи к заданиям для самоконтроля, а также «Грамота чемпиона», где дети по завершению всех заданий могут внести своё имя.

Oynayarak Almanca Öğrenmek – Yazım Bulmacası – Öğrenme Seviyesi 2

- Okumayı bilen çocuklar için
- Ikinci sınıfta öğretilen yazım konuları
- Sesli kelimeler, seslemler, isimler, bağlaçlar, fiiller, sıfatlar, uyaklı kelimeler ve basit cümle kuralları

Almanca konuşulan bir çevrede yaşayıpta Anadili Almanca olmayan çocuklar, Almancayı ikinci bir dil olarak öğreniyorlar. Bu öğrenim paketi çocukların bilgi ve becerisini geliştirmek için merak uyandırıcı ve eğlenceli bir oyun şeklinde hazırlandı. Amacımız çocukların kelime hazinesini ve dilbilgisini geliştirmektir ve hepsi oyun olarak ve uyarıcı bir şekilde.

- Bu kitabın amacı kelime hazinesi ve gramer bilgilerini arttırmaktır.
- Kitapların içeriği, çocukların kendi günlük yaşamlarından ve tecrübelerinden tanıdık durumlardan oluşuyor.
- Her sayfada özel ödevler bulunur, mesela büyük/kücük harfe yazma, noktalama işareti, artikel, vb.
- Hoş ve yaşa uygun olan illüstrasyonlarla çocuklar öğrenirken ayni zamanda eğleniyor.
- Kitabın sonunda kontrol için cevap anahtarı ve bir „ustalık belgesi“ yer alıyor, ve çocuklar tüm ödevleri bitirdikten sonra bu belgeye isimini yazabilirler.

Liebe Eltern,

Kinder lieben lustige Rätselspiele, lernen aber manchmal nicht so gerne. Deshalb gibt es in diesem Heft jede Menge spannende Aufgaben zur deutschen Rechtschreibung, mit denen Ihr Kind spielerisch den Unterrichtsstoff des 2. Schuljahres üben und besondere „Stolpersteine" überwinden kann.

Jede Doppelseite behandelt verschiedene Lerninhalte rund um die beliebtesten Kinderthemen. **Bunte Pausen** sorgen zwischendurch für Entspannung. Und Logli hat immer ein paar schlaue Tipps zu kniffligen Fragen auf Lager. So macht Ihrem Kind garantiert auch das Rechtschreiben Spaß!

Das Heft fördert außerdem selbstständiges Lernen. Eine spielerische Lernkontrolle ist auf vielen Seiten möglich. Trotzdem sollten Sie immer mal wieder nachschauen, denn Kinder übersehen schon einmal eigene Fehler. Lassen Sie Ihr Kind aber unbedingt den Fehler selbst verbessern, falls Sie einen entdecken! Und Lernerfolge motivieren – deshalb können Sie Ihr Kind auch nicht oft genug loben. Nur so gewinnt es Sicherheit und Selbstvertrauen und behält Freude beim Lernen.

So kannst du auch sagen:

Begriff:	**auch:**	**Beispiele:**
Grammatische Begriffe		
Begleiter	Artikel	der, die, das, ein, eine
Namenwort → *Einzahl/Mehrzahl*	Hauptwort, Nomen, Substantiv → *Singular/Plural*	Mensch, Kind, Hund, Blume → *der Hund/die Hunde*
Tunwort	Tätigkeitswort, Zeitwort, Verb	essen, laufen, sehen
Wiewort	Eigenschaftswort, Adjektiv	schön, nett, klein
Zahlwort	Numerale	eins, zwei, drei, …
Laute		
Anlaut	1. Laut eines Wortes	Onkel, fünf, heute, Auge, eins
Doppellaut	Zwielaut, Diphthong	au, äu, eu, ei, ai
Mitlaut	Konsonant	b, c, d, f, g, h, k, l, m, …
Selbstlaut	Vokal	a, e, i, o, u
Umlaut		ä, ö, ü

Hallo!
Machst du auch manchmal Fehler beim Rechtschreiben? Halb so schlimm, denn ich kenne ein paar Tricks, wie man ein echter Rechtschreib-Meister wird! In diesem Heft findest du viele lustige Aufgaben und Rätsel, mit denen das Üben richtig Spaß macht. Schnapp dir Stifte und Lineal – und los geht's! Wenn du alle Rechtschreib-Rätsel gelöst hast, bekommst du die Urkunde.
Viel Spaß!
Dein Logli
Findest du die neun kleinen Schnecken, die sich im Heft versteckt haben?
Dieses Heft gehört:
Name:
Alter:
Klasse:
Lehrer/Lehrerin:

Buchstaben nach dem Abc verbinden

Verbinde jeweils die kleinen und die großen Buchstaben in der richtigen Reihenfolge, und male das Bild bunt aus.

Purzelwörter

Die Buchstaben sind völlig durcheinander geraten.
Kannst du die Namenwörter trotzdem lesen?
Alle Dinge sind auf dem Bild nebenan zu sehen.

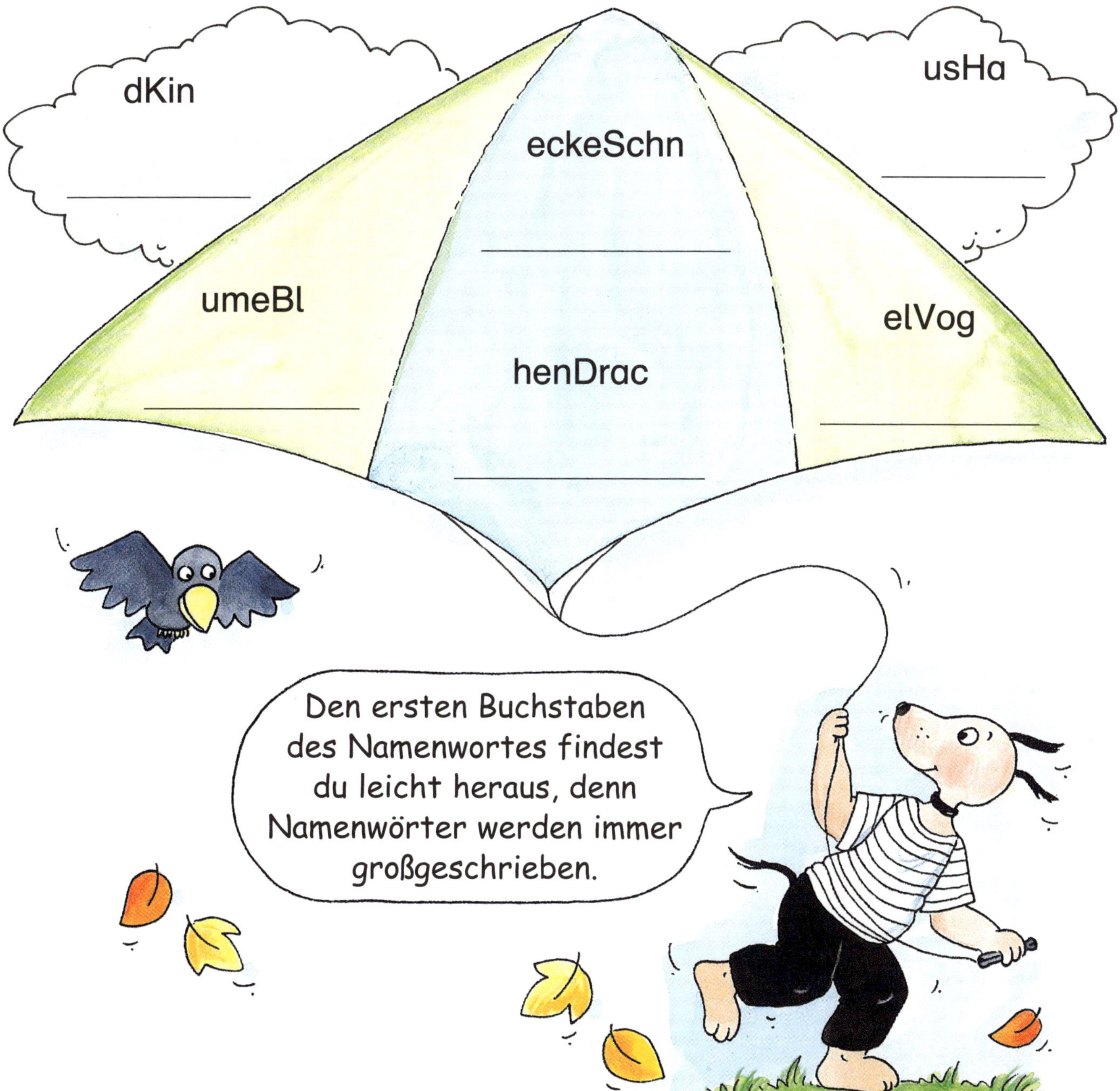

Welche Dinge siehst du noch im Bild?
Schreibe die Wörter richtig auf.

ferKä rasG ieWse

Wörter verwandeln

Hier kannst du Wörter verzaubern! Wenn du den Buchstaben im farbigen Kästchen jeweils durch einen anderen ersetzt, erhältst du ein neues Wort. Die Zauberformel lautet: Selbstlaut bleibt Selbstlaut, Mitlaut bleibt Mitlaut.

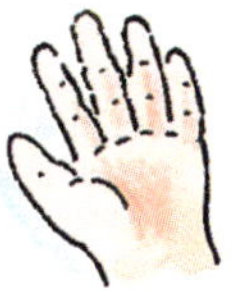

H	U	N	D

G	O	L	D

H	A	S	E

R	O	S	T

H	E	R	R

T	U	C	H

Die fünf Selbstlaute sind **a**, **e**, **i**, **o** und **u**. Die anderen Buchstaben sind Mitlaute.

E	I	F	E	R

W	I	L	L	E

Selbstlaute und Mitlaute

Was zaubert Logli? Male um jeden Selbstlaut einen farbigen Kreis.

Mein Zauberteppich hat ein ganz besonderes Muster. Male alle Wörter mit doppeltem Selbstlaut blau und die mit einem doppelten Mitlaut rot an, dann erkennst du es.

Beet	Tasse	Boot	See	Kasse	Meer
Sonne	Moos	Sinn	Bett	Saal	Watte
Blatt	Beere	Puppe	Klasse	Waage	Herr
Haar	Kamm	Moor	Tee	Himmel	Schnee

Wörter mit St/st und Sp/sp

Der Sportreporter berichtet vom Sportfest, leider aber etwas undeutlich. Ergänze **St/st** oder **Sp/sp**. Die fett gedruckten Wörter sind Namenwörter und werden großgeschrieben.

Heute findet ein großes ____**ortfest** statt.

Alle haben großen ____**aß**.

Peter und Jan ____ringen vor Aufregung von den ____**ühlen**.

Iris ____olpert beim Wettlauf über einen ____**ein** und ____ürzt.

Tom trinkt zur Erfrischung ein großes ____**ezi**.

Anne ist ziemlich ____ill. Sie hat leider den ____**ab** bei

der ____**affel** verloren. Und alle ____otten über sie.

Logli ____rintet ins Ziel. Das war ____**itze**!

Rund ums Sportfest findet eine große Schnitzeljagd statt.
Welchen Weg muss Logli nehmen,
um ans Ziel zu kommen?

Namenwörter finden

Hier siehst du viele Dinge, deren Namen jeweils mit einem anderen Buchstaben aus dem Abc anfangen. Nur mit **X** und **Y** ist kein Wort dabei. Trage die richtigen Namenwörter in die Kästchen ein.

Namenwörter finden

Leiter
Maus
Zaun
Baum
Vogel
Frosch
Ente
Sonne
Quelle
Pferd
Rad
Haus
Igel
Jacke
Apfel
Korb
Clown
Gespenst
Wolke
Nest
Turm
Dach
Oma
Uhr

Begleiter zuordnen

Schreibe die Wörter aus dem großen Bild von der vorherigen Seite dem Abc nach auf. Setze den richtigen Begleiter vor das Namenwort: **der**, **die** oder **das**.

 der Apfel

 B

 C

 D

 E

 F

 G

 H

 I

 J

 K

 L

 M

 N

 O

 P

 Q

 R

 S

 T

 U

 V

 W

 Z

Tierfamilien

Immer drei Tiere mit jeweils einem der Begleiter **der**, **die** und **das** gehören zu einer Tierfamilie. Schreibe sie unter das richtige Bild, und streiche sie in der Wörterliste unten durch.

die Henne

die Kuh – das Küken – das Zicklein – der Eber – ~~die Henne~~ –
die Ziege – das Kalb – die Sau – das Ferkel – der Bulle –
der Hahn – der Ziegenbock

Silben zusammensetzen

Ede hat einen Supermarkt überfallen und wird von der Polizei gesucht. Woran erkennst du den Dieb? Vervollständige die Täterbeschreibung, indem du die Silben in die richtigen Kästchen schreibst.

STECKBRIEF

eine schwarze				
lange				
eine dicke				
ein kleiner				
ein kariertes				
schwarze				
eine bunte				
gestreifte				

Die Polizei hat Ede noch nicht gefunden, denn Ede hat sich umgezogen. Findest du ihn trotzdem?

Gib zu Protokoll, wie Ede jetzt aussieht. Verwende die richtigen Wiewörter.

Ede trägt:

eine ______________________ Hose

ein ______________________ Hemd

______________________ Schuhe

eine ______________________ Jacke

______________________ Handschuhe

Einzahl und Mehrzahl

Findest du alle acht Namenwörter in der Wörterkiste vom Flohmarkt?
Schreibe die Wörter mit ihrem Begleiter **der**, **die** oder **das** und
in der Mehrzahl **die** auf.

Einzahl	Mehrzahl
das Bild	die Bilder

Umlaute

Schreibe die Dinge in Einzahl und Mehrzahl auf. Die Anfangsbuchstaben der Dinge, die den Umlaut **ä**, **ö** oder **ü** in der Mehrzahl haben, verraten dir, was Logli auf dem Flohmarkt gekauft hat.

die Lampe

die Lampen

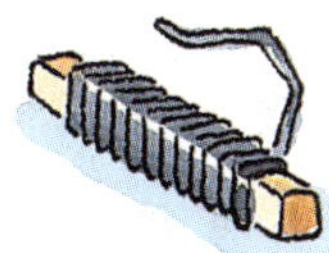

Ist das nicht ein tolles

A	L		E	

	A			A		!

Topf Fass Rad Kanne Draht ~~Lampe~~ Rock Hut Gitarre Stuhl

Zusammengesetzte Namenwörter

Wenn du zwei Wörter zusammensetzt, bekommst du ein neues Namenwort. Pass auf, manchmal musst du auch Buchstaben einfügen. Schreibe das Wort mit dem Begleiter auf.

die Sonnenblume

er

n

n

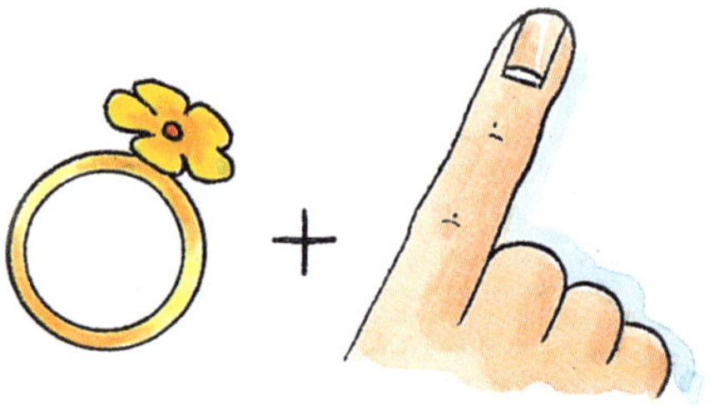

~~Sonne~~ | Knopf | Schuh | Puppe | Finger | Hose | Ring | Haus | ~~Blume~~ / Buch | Schirm | Hand | Ball | Bild | Regen | Feder

Zusammengesetzte Namenwörter

Wenn du weitertüftelst und noch mehr neue Namenwörter bildest, verraten dir die farbigen Felder einen Glücksbringer.
Male diesen Glücksbringer aus.

Glocke
Ball
Baum
Vogel
Apfel
Schnee
Käfig
Blume
Uhr
Löwe
Zahn
Ball
Fuß
Tasche
Haus
Tür
Hose
Sonne

Tunwörter einsetzen

Was ist im Schwimmbad los? Setze die Tunwörter rechts ein. Wenn du alle Wörter richtig einordnest, liest du in den farbigen Feldern, warum so viele Kinder im Schwimmbad sind.

essen steigen werfen

schwitzen schwimmen liegen

hüpfen rutschen rennen

Tunwörter einsetzen

Die Kinder _ _ _ _ _ _ _ _ _ im Schwimmbad.

Sie _ _ _ _ _ _ _ zur Rutsche hinauf.

Dann _ _ _ _ _ _ _ _ sie ins Wasser hinunter.

Sie _ _ _ _ _ _ _ _ _ wegen der Hitze.

Sie _ _ _ _ _ ein Eis.

Sie _ _ _ _ _ _ vor Freude herum.

Sie _ _ _ _ _ _ sich den Ball zu.

Sie _ _ _ _ _ _ über die Wiese.

Sie _ _ _ _ _ _ ruhig auf der Decke.

Heute ist _ _ _ _ _ _ _ _ _ !

Wörter mit Sch/sch

Loglis Computer ist kaputt: Auf dem Bildschirm ist nur noch eine riesige Wortschlange zu sehen. Kannst du die einzelnen Wörter trotzdem erkennen? Markiere dabei die Namenwörter, Tunwörter und Wiewörter in unterschiedlichen Farben.

Wie viele Wörter von jeder Wortart hast du gefunden?

Namenwörter ☐ Tunwörter ☐ Wiewörter ☐

Reimwörter

Loglis Drucker hat Wörter verschluckt.
Hilfst du ihm, sie zu ergänzen?

In meinem Haus

wohnt eine ________________.

Sie fürchtet sehr die Tatze

von meiner großen ___________.

Wenn ich im Bett liege,

dann meckert die ____________.

Wenn ich gerade schlafe,

dann blöken laut die _________.

Und ganz gemein

quiekt dann das ______________.

Ganz ohne Grund

bellt oft der _______________.

Sätze bilden

Immer zwei Teile bilden einen Satz. Schreibe die vollständigen Sätze auf der nächsten Seite auf. Alle Sätze enden mit einem Punkt.

Nanu? Das gleiche Bild noch mal? Wenn du genau hinschaust, entdeckst du, dass acht Dinge anders sind.

Wenn du die Anfangsbuchstaben der Sätze richtig sortiert in der Sprechblase einträgst, dann erfährst du, warum Logli bei dem Trubel in der Stadt ist!

Die Anlaute P/B und T/D

Jeder Lastwagen soll die Wörter einladen, die du auf den Reifen findest. Trage sie richtig ein.

P-Wörter	B-Wörter
Pirat	Bein

T-Wörter	D-Wörter

Die Anlaute K/G

Eine Reisegruppe will mit dem Bus verreisen. Setze die Leute mit ihrem Gepäck auf die richtigen Plätze. Die farbigen Felder ergeben den Werbespruch der Busfirma.

Silben verbinden

Logli macht gemütliche Ferien. Beim Angeln fängt er ganz besondere Silbenfische. Immer zwei ergeben zusammen ein Wort. Verbinde sie, und sortiere sie in die richtigen Eimer ein.

Silben verbinden

Logli wohnt in einem kleinen Ferienhaus. Verbinde die Silben der zwölf Monate in der richtigen Reihenfolge, dann weißt du, wie es aussieht. Fange mit dem Januar an. Vorsicht, es sind falsche Silben dazwischen.

Gegensätze

Jedes Kind ist anders. Schreibe das passende Wiewort dazu.
Die Gegensatzpaare sitzen jeweils auf einer Schulbank.

Male alle Felder mit Wiewörtern in einer Farbe aus. Was siehst du?

Tunwörter mit Endung t

In dem Text fehlen die Tunwörter. Setze sie richtig ein.
Bei manchen musst du das **en** am Wortende durch ein **t** austauschen.

Heute __________ Logli in den Zoo. Er möchte die Affen __________,

weil sie immer so lustige Späße __________. Aber Logli __________

das Affenhaus nicht. Er __________ einen Tierwärter und lässt sich

den Weg __________. Als Logli vor den Affen __________,

__________ er ihnen die Zunge raus. Und was __________ die Affen?

Wiewörter suchen

Wie sind diese Tiere? Zu jedem Tier findest du, im Buchstabenfeld von links nach rechts oder von oben nach unten gelesen, ein passendes Wiewort. Umkreise es, und schreibe es zu dem Tier.

gestreift

m	s	t	a	c	h	e	l	i	g	x
s	c	w	r	h	z	a	w	e	i	g
o	h	m	e	g	b	r	a	u	n	x
g	e	s	t	r	e	i	f	t	u	n
r	u	m	n	a	c	h	l	l	i	g
ü	d	ü	b	u	n	t	z	y	ä	b
n	e	r	b	c	l	u	s	t	i	g
g	e	f	ä	h	r	l	i	c	h	f

Lösungen

Seite 8: Die kleinen Buchstaben ergeben eine Schnecke, die großen eine Blume.

Seite 9: Kind, Schnecke, Haus, Blume, Drachen, Vogel; Käfer, Gras, Wiese

Seite 10: HAND, HOSE, HERZ, GELD, POST, BUCH, EIMER, WELLE

Seite 11: Logli zaubert einen Stern.
Wörter mit doppeltem Selbstlaut: Beet, Boot, See, Meer, Moos, Saal, Beere, Waage, Haar, Moor, Tee, Schnee
Wörter mit doppeltem Mitlaut: Tasse, Kasse, Sonne, Sinn, Bett, Watte, Blatt, Puppe, Klasse, Herr, Kamm, Himmel

Seite 12: Sportfest, Spaß, springen, Stühlen, stolpert, Stein, stürzt, Spezi, still, Stab, Staffel, spotten, sprintet, Spitze

Seite 13:
Logli folgt Weg B.

Seite 14/15/16: der Apfel, der Baum, der Clown, das Dach, die Ente, der Frosch, das Gespenst, das Haus, der Igel, die Jacke, der Korb, die Leiter, die Maus, das Nest, die Oma, das Pferd, die Quelle, das Rad, die Sonne, der Turm, die Uhr, der Vogel, die Wolke, der Zaun

Seite 17: der Hahn, die Henne, das Küken – der Bulle, die Kuh, das Kalb – der Ziegenbock, die Ziege, das Zicklein – der Eber, die Sau, das Ferkel

Seite 18: eine schwarze **Au-gen-klap-pe**, lange **Haa-re**, eine dicke **Na-se**, ein kleiner **Ohr-ring**, ein kariertes **Hemd**, schwarze **Hand-schu-he**, eine bunte **Ho-se**, gestreifte **Turn-schu-he**

Seite 19: Ede trägt: eine karierte Hose, ein gestreiftes Hemd, schwarze Schuhe, eine braune Jacke und grüne Handschuhe.

Seite 20: das Bild, die Bilder – die Decke, die Decken – die Hose, die Hosen – die Tasse, die Tassen – das Hemd, die Hemden – der Ring, die Ringe – der Teller, die Teller – die Kerze, die Kerzen

Seite 21: die Lampe, die Lampen – der Topf, die Töpfe – der Stuhl, die Stühle – die Kanne, die Kannen – das Fass, die Fässer – der Hut, die Hüte – das Rad, die Räder – der Rock, die Röcke – der Draht, die Drähte – die Gitarre, die Gitarren
Ist das nicht ein tolles ALTES FAHRRAD!

Seite 22: die Sonnenblume, das Bilderbuch, das Puppenhaus, der Hosenknopf, der Regenschirm, der Ringfinger, der Handschuh, der Federball

Seite 23: Vogelkäfig, Glockenblume, Sonnenuhr, Löwenzahn, Fußball, Apfelbaum, Schneeball, Hosentasche, Haustür
Der Glücksbringer ist ein KLEEBLATT.

Seite 24/25: schwimmen, steigen, rutschen, schwitzen, essen, hüpfen, werfen, rennen, liegen
Heute ist hitzefrei!

Seite 26: 15 Namenwörter: Schlitten, Schloss, Schnee, Schnur, Schnecke, Schwein, Schraube, Schwamm, Schablone, Schaf, Schale, Scherz, Schatz, Schiff, Schlag
9 Tunwörter: schneien, schneiden, schlafen, schleichen, schleppen, schwimmen, schämen, schillern, schauen
9 Wiewörter: schnell, schwarz, schmal, schlecht, schlimm, schwer, schade, scharf, schief

Seite 27: Maus, Katze, Ziege, Schafe, Schwein, Hund

Seite 28/29: Mitten auf dem Platz stehen Stände. Autos parken an der Straße. Radfahrer kommen vorbei. Kinder warten an der Ampel. Tauben fliegen über den Platz.
Heute ist MARKT!

Lösungen

Seite 30: P-Wörter: Pirat, Puppe, Papier, Post, Pinsel
B-Wörter: Bein, Blume, Brot, Ball, Blatt
T-Wörter: Tier, Turm, Tasse, Tag, Treppe
D-Wörter: Dorn, Decke, Dorf, Dach, Dose

Seite 31: KRUG, KUH, KATZE, KELLNER, GURKE, GESCHIRR, GRAS, GARTEN
Der Werbespruch lautet: GUTE REISE!

Seite 32: ck-Wörter: Ecke, Dackel, Zucker, Hecke, Bäcker
st-Wörter: Küste, Ostern, Elster, Fenster, Schuster

Seite 33: Ja-nu-ar, Fe-bru-ar, März, A-pril, Mai, Ju-ni, Ju-li, Au-gust, Sep-tem-ber, Ok-to-ber, No-vem-ber, De-zem-ber

Seite 34: Tim blond – Tina dunkelhaarig, Tanja fröhlich – Anna traurig, Niklas frech – Julia brav, Lisa klein – Robi groß

Seite 35: Du siehst LOGLI.

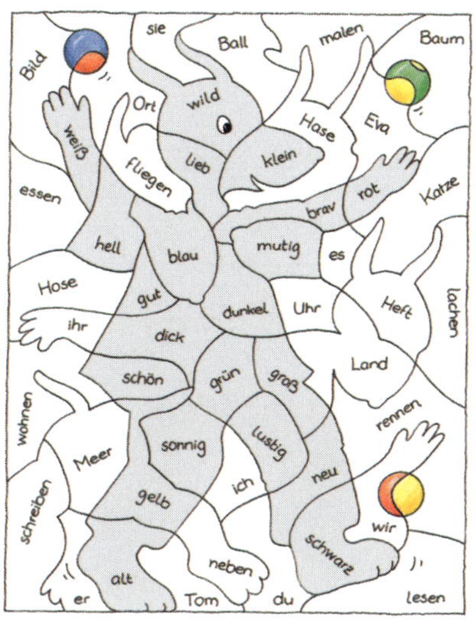

Seite 36: Heute **geht** Logli in den Zoo. Er möchte die Affen **besuchen**, weil sie immer so lustige Späße **machen**. Aber Logli **findet** das Affenhaus nicht. Er **fragt** einen Tierwärter und lässt sich den Weg **erklären**. Als Logli vor den Affen **steht**, **streckt** er ihnen die Zunge raus. Und was **tun** die Affen?

Seite 37: Zebra – gestreift, Papagei – bunt, Elefant – grau, Krokodil – grün, Löwe – gefährlich, Reh – scheu, Igel – stachelig, Affe – lustig, Bär – braun

m	s	t	a	c	h	e	l	i	g	x
s	c	w	r	h	z	a	w	e	i	g
o	h	m	e	g	b	r	a	u	n	x
g	e	s	t	r	e	i	f	t	u	n
r	u	m	n	a	c	h	l	l	i	g
ü	d	ü	b	u	n	t	z	y	ä	b
n	e	r	b	c	l	u	s	t	i	g
g	e	f	ä	h	r	l	i	c	h	f

Die kleine Schnecke ist auf den Seiten 10, 13, 16, 24, 25, 28, 33, 34 und 37 zu sehen.

Logli Meisterurkunde

für

____

Logli

LOCKER LERNEN MIT LOGLI